Walter Mühlhausen

Die Ausrufung der Republik am 9. November 1918 durch Philipp Scheidemann

372 Berliner Illustrirte Zeitung.

Das große Freuden-Feuerwerk, das die Matrosen der deutschen Flotte in Wilhelmshaven am Abend der Republik-Erklärung veranstalteten. Phot. E. Schröder.

Ein histori'cher Augenblick

Sonnabend, den 9. November, vormittags, traten die sozialdemokratischen Mitglieder aus der Regierung aus, obwohl sie ihr Ultimatum in der Abdankungsfrage verlängert hatten. Zur selben Zeit traten die Arbeiter in den Großbetrieben in Ausstand und setzten sich vom Norden und Osten her in Bewegung gegen Berlin. Die 4. Jäger und die „Maikäfer" traten zu den Arbeitern über, die „B. Z. am Mittag" flatterte über Berlin nieder mit der Nachricht von der Abdankung des Kaisers. Das war das Signal für die Bevölkerung, die gleich darauf die Straßen und Plätze der Stadt füllte. Während die ersten Militärautos mit rotbebänderten Soldaten die Straßen durcheilten, begannen im Reichstag die Einigungsverhandlungen zwischen Mehrheitssozialisten und Unabhängigen. Scheidemann erschien gegen ½2 Uhr auf einem Balkon des Reichstagsgebäudes und verkündete den Sturz der Dynastie und die Bildung der neuen Regierung. Diesen historischen Augenblick, der die Revolution einleitete, hat ein Photograph im Bilde festgehalten. Wir sind in der Lage, die seltene Aufnahme heute unseren Lesern zu zeigen.

Der neue Polizeipräsident von Berlin: Emil Eichhorn (Unabh. Soz.). Phot. Berl. Ill. Ges.

Ein historischer Augenblick: Die erste Verkündung der neuen Regierung durch Philipp Scheidemann vom Balkon des Reichstagsgebäudes aus. Phot. Erich Greiser, Berlin-Lichtenberg.

Der Staatskanzler der Republik Deutsch-Oesterreich: Dr. Karl Renner. Phot. Berl. Ill. Ges.

akg-images, AKG5761405

Publikation des Fotos von der Ausrufung der Republik in der „Berliner Illustrirten Zeitung" vom 24. November 1918, erst auf der vierten Seite.

Inhaltsverzeichnis

Das Foto 5

Der Weg zum 9. November 1918 9

Der 9. November 1918 13

Die Rede – Variationen 15

Scheidemann im Fenster –
aber keine Republikverkündung 21

Legende oder Wegmarke:
von der Bedeutung der Rede 29

Literatur 33

Bundesarchiv, Bild 1-300-2962-67

Postkarte mit der erläuternden fehlerhaften Unterschrift zum Ereignis: Vom Fenster spricht Scheidemann nun wahrlich nicht.

Das Foto

Eine Vorbemerkung: Historische Wissenschaft liefert keine einhelligen Wertungen und Urteile über geschichtliche Prozesse, Ereignisse und Personen. Verschiedentlich sind bereits die Quellen, schriftliche wie auch visuelle, umstritten. Handelt es sich um ein Original oder um eine Fälschung? Eine solche Debatte existiert um die Ausrufung der Republik durch den Sozialdemokraten Philipp Scheidemann am 9. November 1918. Weder herrscht über die Frage der Authentizität der (bislang) einzig bekannten Fotografie, noch über den Text seiner Rede Einmütigkeit in der Historiker-Zunft. Das gilt auch für die Bedeutung der Aktion.

Das Foto der Proklamation erschien am 24. November 1918 in der „Berliner Illustrirten Zeitung“ (BIZ) als „erste Verkündung der neuen Regierung durch Philipp Scheidemann“ (so die Bildzeile). Als Urheber wird der Amateurfotograf Erich Greiser aus Berlin-Lichtenberg angegeben. Das führende illustrierte Blatt seiner Zeit lieferte in der längeren Erläuterung einen kurzen Überblick über die Geschehnisse des 9. November, um dann die Bedeutung der Aufnahme herauszustreichen: „Scheidemann erschien gegen ½ 2 Uhr auf einem Balkon des Reichstagsgebäudes und verkündete den Sturz der Dynastie und die Bildung der neuen Regierung. Diesen historischen Augenblick, der die Revolution einleitete, hat ein Photograph im Bilde festgehalten. Wir sind in der Lage, die seltene Aufnahme heute unseren Lesern zu zeigen.“ Die „Illustrierte Rundschau“ aus Dresden druckte das Bild geraume Zeit später (siehe S. 36) mit der Unterschrift: „Ein historischer

Augenblick. Scheidemann verkündet vom Balkon des Reichstages aus die Deutsche Republik."

Es sind Zweifel laut geworden, ob es sich hier um ein „echtes" Foto handelt. Überliefert ist – soweit bekannt – nur ein „alter Kontaktabzug im Bildformat von 3,8 × 5,5 cm", der vom Berliner Ullstein Bilderdienst verwahrt wird. Ein „Negativ" liegt nicht vor, so dass eine Nachprüfung der Authentizität nur schwerlich möglich ist. Auch die Komposition des Bildes nährt Zweifel. Denn zu sehen ist auf der steinernen Brüstung vor dem zweiten Fenster links vom Hauptportal des Reichstages der 53-jährige Scheidemann wagemutig freistehend, immerhin in doch recht luftiger Höhe von einigen Metern. Die Proportionen im Bild wurden als nicht schlüssig bewertet.

Bisweilen ist die Fotografie als eine nachgestellte Szene, gar als eine erst nach Jahren produzierte, bezeichnet worden. Letzteres erscheint angesichts der Veröffentlichung schon im November 1918 schlicht falsch. Wenn es sich um eine zeitnahe nachträgliche Inszenierung handeln sollte, so drängt sich die Frage auf, warum bei diesem „Reenactment" (am gleichen Tag oder Tage darauf?) keiner der bekannten Berliner Fotografen, sondern nur ein Amateurfotograf anwesend war. Einem renommierten „Bild-Journalisten" hätten sich die Personen inklusive Scheidemann wohl noch einmal zur Verfügung gestellt – aber einem unbekannten Hobby-Lichtbildner?

Schlüssiger erscheint demnach die Sicht von Ludger Derenthal vom Museum für Fotografie (Berlin), der von der Echtheit überzeugt ist. Denn die Aufnahme sei „technisch zu schlecht", „als dass sie eine Montage" darstellen könnte. Sie sei eben keine „gut gemachte Retusche", wie die Zweifler meinen. Zu einer weitaus besseren Komposition sei man seinerzeit technisch durchaus in der Lage gewesen. Nach Überprüfung der Proportionen und nach Ortsbegehungen erachtet er die Aufnahme für authentisch.

Ungeachtet der Skepsis gegenüber der Authentizität des Bildes wurde es unmittelbar nach seiner Veröffentlichung

Bundesarchiv, Bild 1-306-23332

Der Berliner Postkartenvertrieb von Siegmund und Gustav Saulsohn umrahmt die leicht retuschierte Aufnahme mit Porträts der Volksbeauftragten. Jeweils von oben sind dies (links) Hugo Haase (USPD), Otto Landsberg (SPD) und Wilhelm Dittmann (USPD) sowie (rechts) Friedrich Ebert (SPD), Philipp Scheidemann (SPD) und Emil Barth (USPD).

in Postkarten vertrieben, eine mit erläuterndem Untertitel: „Scheidemann verkündet von dem Fenster des Reichstaggebäudes die deutsche Republik!“; eine weitere beschränkt sich auf die Zeile „Gründung der deutschen Republik“ und fügt Porträts der sechs Volksbeauftragten der am 10. November gebildeten Revolutionsregierung aus SPD und USPD hinzu. Diese Postkarte verlor schon bald ihre Aktualität, denn zum Jahresende 1918 traten die drei Vertreter der unabhängigen Sozialdemokratie aus der Regierung aus.

In den unmittelbar nach der Revolution publizierten Veröffentlichungen untermalten künstlerisch nicht sehr hochstehende Skizzen der Szene das Geschriebene. Scheidemann selbst veröffentlichte in seinen 1928 erschienenen zweibändigen Memoiren einen Ausschnitt einer Zeichnung. Das Bild war dem Foto aus der „BIZ“ nachempfunden, allerdings ist hier eine sehr große Gruppe von jubelnden Menschen vor dem Reichstag zu sehen. Scheidemann ist stark konturiert und durch seinen markanten Kinnbart zu erkennen (siehe Umschlag hinten, innen). Mit diesen Illustrationen wurde die Bedeutung des Moments unterstrichen.

Bundesarchiv, Bild 146-1970-051-17

Staatssekretär Philipp Scheidemann in seinem Arbeitszimmer, veröffentlicht im Oktober 1918.

Der Weg zum 9. November 1918

Der 9. November 1918 stand am Ende eines Erosionsprozesses. Der im August 1914 entfachte Erste Weltkrieg mit Millionen von Opfern hatte auch die Heimat immer stärker belastet. Im Frühherbst 1918 stand die lange Zeit kaum für möglich gehaltene Niederlage Deutschlands fest. Am 29. September forderte die Oberste Heeresleitung, die im Krieg auch innenpolitisch zum entscheidenden Machtfaktor aufgestiegen war, sofortige Waffenstillstandsverhandlungen. Der militärische Offenbarungseid schlug wie eine Bombe ein. In dieser Situation entschlossen sich militärische und zivile Reichsleitung, die lange verwehrte Demokratisierung des Reiches einzuleiten, die Regierung auf eine parlamentarische Basis zu stellen, auch mit dem Ziel, auf diese die eigentlich den Militärs gebührende Verantwortung für die Kriegsniederlage und den kommenden, sicherlich harten Friedensschluss abzuwälzen.

Die am 3. Oktober 1918 unter Berücksichtigung der Parteien des Reichstages gebildete Regierung unter dem neuen Reichskanzler Prinz Max von Baden war das Resultat einer Revolution „von oben" und gleichzeitig auch „von unten", gefordert vor allem von der SPD, aber auch von den demokratischen bürgerlichen Parteien. Scheidemann trat als „Staatssekretär" (wie die Amtsbezeichnung der Minister seinerzeit lautete) in die erste parlamentarisch abgestützte kaiserliche Regierung ein. Mit ihm und Gustav Bauer gehörten der Regierung erstmals auch Sozialdemokraten an, die im Kaiserreich lange Zeit als Reichsfeinde und vaterlandslose Gesellen außerhalb der Gesellschaft gestellt worden waren. Regierungsbildung und die Ende Oktober verabschiedeten Verfassungsreformen waren ein gewaltiger Demokratisierungsschub. So gab es in der SPD eine starke Strömung, diese demokratisch reformierte

Monarchie vorerst zu erhalten, allerdings ohne den völlig diskreditierten Kaiser. Dabei schwang die Befürchtung mit, dass nach dem verlorenen Krieg ein radikaler verfassungsrechtlicher Schnitt die ohnehin angespannte Situation noch verschärfen würde. Man wollte auf friedlichem Wege die begonnene Demokratisierung vollenden. Doch hierfür war es zu spät.

Aus den Reihen der kampfesmüden Soldaten in den Schützengräben und der hungernden Massen in der Heimat erscholl immer lauter der Ruf nach Frieden, Freiheit und Brot. Den nächsten Hungerwinter vor Augen erblickte man in Kaiser Wilhelm II., der sich am 29. Oktober ins Große Hauptquartier im belgischen Spa davongestohlen hatte, den eigentlichen Hinderungsgrund für das ersehnte Kriegsende. Es bedurfte in dieser hochexplosiven Situation nur eines Funkens, um das Pulverfass zur Detonation zu bringen. Diesen Funken entzündete die Seekriegsleitung mit dem Befehl vom 24. Oktober, die bis dahin kaum eingesetzte Kriegsflotte zu einem letzten Gefecht gegen die überlegene britische Royal Navy auslaufen zu lassen. Sie wollte lieber heroisch untergehen, als die Flotte, das Symbol deutscher Weltgeltung, dem Feind auszuliefern.

Gegen das Vorhaben der Seekriegsleitung meuterten die Matrosen. Denn ein Auslaufen hätte den sicheren Tod bedeutet. Sie lösten damit einen über das Land hinwegfegenden revolutionären Sturm aus, der die Monarchie wie ein Kartenhaus in sich zusammenfallen ließ und am 9. November die Reichshauptstadt erreichte. An diesem Tag sollte Philipp Scheidemann Geschichte schreiben.

Der 1865 als Sohn eines Tapezierers in Kassel geborene Schriftsetzer war mit 18 Jahren in die sozialdemokratische Partei eingetreten. Seit 1903 Abgeordneter im Reichstag und seit 1911 Mitglied des SPD-Parteivorstandes, stieg er im Ersten Weltkrieg auch dank seiner glänzenden rhetorischen Fähigkeiten zum wohl bekanntesten Sozialdemokraten auf. So wurde die SPD-Forderung nach einem Verständigungsfrieden ohne Kriegsentschädigungen und Gebietsgewinne weithin als „Scheidemann-Friede“ bezeichnet. Als sich 1917 eine

Bundesarchiv, Bild 183-R92622

In den Revolutionstagen: Massenversammlung rund um den Reichstag, datiert auf den 9. oder 10. November 1918.

Minderheit in der SPD aus Ablehnung der Burgfriedenspolitik, dem Stillhalten gegenüber der Regierung, abspaltete und eine neue Partei, die Unabhängige Sozialdemokratische Partei Deutschlands (USPD) gründete, wurde Scheidemann einer der beiden SPD-Vorsitzenden. Gemeinsam mit dem 1913 gewählten Friedrich Ebert führte er die größte und mitgliederstärkste Partei, die 1912 bei den letzten Wahlen vor dem Krieg mit 34,8 Prozent 110 der 396 Reichstagssitze gewonnen hatte.

bpk, 20043258 Willy Römer

Philipp Scheidemann (links) spricht vom Balkon des Ordenspalais an der Ecke Wilhelmplatz und Wilhelmstraße am 21. Mai 1919 zu einer Massenkundgebung der SPD gegen den Friedensvertrag.

Der 9. November 1918

Der Tag begann mit Generalstreik und Massendemonstrationen. Scheidemann trat am Morgen als Staatssekretär zurück. Die SPD erneuerte ihre Forderung nach Abdankung des Kaisers und auf Übertragung der Regierungsgeschäfte an die Partei. Um die Mittagszeit verkündete Max von Baden eigenmächtig und ohne Zustimmung des Kaisers dessen längst überfällige Abdankung. Sodann übergab Prinz Max die Reichskanzlerschaft an Friedrich Ebert – ein verfassungsrechtlich problematischer, politisch aber unausweichlicher Schritt, der eine historische Wende signalisierte: Der letzte Regierungschef des kaiserlichen Deutschland legte das Schicksal der erodierenden Nation dem Vorsitzenden der zuvor lange ausgegrenzten SPD in die Hände.

Ebert und andere in der sozialdemokratischen Führungsetage hegten zu diesem Zeitpunkt wohl noch die Hoffnung, die Demokratisierung unter der Monarchie fortführen zu können, allerdings ohne die Hohenzollern, sondern mit einem demokratischen Reichsverweser als einer lediglich repräsentativen Staatsspitze. Das durchkreuzte endgültig Philipp Scheidemann, als er gegen 14 Uhr vom Reichstag aus die „Deutsche Republik" proklamierte. Bereits etwa eineinhalb Stunden zuvor hatte er schon einmal zu der vor dem Reichstag zusammenströmende Menschenmenge gesprochen, wohl aus einem Fenster des Gebäudes. Dann folgte seine Rede von der Balustrade, die allgemein als Ausrufung der Republik in die Geschichte eingegangen ist.

Zwei Stunden nach Scheidemann rief Karl Liebknecht, der Führer des radikal-sozialistischen Spartakusbundes, am Berliner Stadtschloss „die freie sozialistische Republik und die Weltrevolution" aus. In welche Staatsform der Weg der Revolution führen würde, musste sich erst noch zeigen. Fest stand in diesem Moment, dass der monarchische Obrigkeitsstaat untergegangen war. Das 1871 gegründete Kaiserreich war durch eine überwiegend unblutige Revolution gestürzt worden. Überall im Lande formierten sich Arbeiter- und Soldatenräte.

Der 9. November 1918 markierte den Beginn eines neuen Abschnitts in der deutschen Geschichte. Tags darauf bildete sich der „Rat der Volksbeauftragten", die paritätisch aus beiden sozialdemokratischen Parteien besetzte Revolutionsregierung. Diesem „sechsköpfigen Reichskanzler" (Philipp Scheidemann) gehörten Friedrich Ebert, Philipp Scheidemann und Otto Landsberg von der SPD sowie Hugo Haase, Wilhelm Dittmann und Emil Barth von der USPD an. Die Regierung hielt bis Ende Dezember 1918 und bestand dann nur noch aus Vertretern der SPD, die den Weg in die parlamentarische Demokratie ebneten. Mit dem Zusammentritt der Nationalversammlung am 6. Februar 1919 in Weimar war die Entscheidung für die parlamentarische Demokratie gefallen.

Bundesregierung, B 145 Bild 00418559 Sandra Steins

Am symbolpolitisch aufgeladenen Ort: Bundespräsident Frank-Walter Steinmeier und Bundestagspräsident Wolfgang Schäuble auf dem sogenannten Scheidemann-Balkon des Reichstagsgebäudes am 9. November 2018 anlässlich des 100. Jahrestages der Ausrufung der Republik.

Die Rede – Variationen

Nicht nur um die Authentizität des Bildes kreist die Diskussion, sondern auch um den Inhalt der Ansprache; es wird sogar in Zweifel gezogen, dass Scheidemann überhaupt die Republik ausgerufen habe. Die sattsam überlieferten Quellen widersprechen solchem Irrglauben: Bereits in ihrer Abendausgabe des 9. November 1918 brachte die liberale „Vossische Zeitung“ im Artikel „Ausrufung der Republik“ einen knappen Bericht von Scheidemanns Aktion mit einem achtzeiligen Auszug von als wörtlich gekennzeichneten Passagen der Rede. Die erste ausführliche Wiedergabe jedoch befindet sich – von der Forschung bislang wohl unbeachtet geblieben – im „8Uhr-Abendblatt“ vom 9. November. Geschildert wird, wie die „Volksmenge auf dem Königsplatz“ die „neuen Führer“ begrüßen wollte. „Scheidemann wird rasch geholt. Er begibt sich auf die Terrasse und spricht einige kurze Worte, die einen Jubel sondergleichen auslösen“:

> *„Das deutsche Volk hat auf der ganzen Linie gesiegt. Das Alte, Morsche ist zusammengebrochen: Der Militarismus ist erledigt! Die Hohenzollern haben abgedankt! Es lebe die deutsche Republik! Der Abgeordnete Ebert ist zum Reichskanzler ausgerufen worden. Ebert ist damit beauftragt worden, eine neue Regierung zusammenzustellen. Dieser Regierung werden alle sozialistischen Parteien angehören. Jetzt besteht unsere Aufgabe darin, diesen glänzenden Sieg, diesen vollen Sieg des deutschen Volkes nicht beschmutzen zu lassen: Deshalb bitte ich Sie, sorgen Sie dafür, daß keine Störung der Sicherheit eintrete! Wir müssen stolz sein können in aller Zukunft auf diesen Tag! Nichts darf existieren, was man uns später wird vorwerfen können!*

Ruhe, Ordnung und Sicherheit, das ist das, was wir jetzt brauchen. Dem Oberkommandierenden in den Marken und dem Kriegsminister Scheüch werden je ein sozialistischer Beauftragter beigegeben. Der Abgeordnete Genosse Göhre wird alle Verordnungen des Kriegsministers Scheüch gegenzeichnen. Also es gilt von jetzt ab die Verfügungen, die unterzeichnet sind von Ebert, und die Kundmachungen, die unterzeichnet sind mit den Namen Göhre und Scheüch, zu respektieren. Sorgen Sie dafür, daß die neue stolze Republik, die wir errichten werden, nicht durch irgend etwas gefährdet werde. Es lebe die deutsche Republik!"

„8Uhr-Abendblatt" Nr. 263 vom 9. November 1918

Basis scheint ein am frühen Abend des 9. November in Umlauf gebrachter Bericht von Wolff's Telegraphischem Büro, einer halbamtlichen Nachrichtenagentur, gewesen zu sein. Es machte reichsweit die Runde, dass Scheidemann die Republik ausgerufen hatte. So schreibt die liberale „Frankfurter Zeitung" tags darauf, dass „Exstaatssekretär Scheidemann eine längere Ansprache" gehalten und die „Ausrufung der Republik" kundgegeben habe.

Es existiert bis in die heutige Zeit ein Streit in der Wissenschaft darüber, welche Worte Scheidemann gesprochen hat. Mehrere Versionen sind überliefert, deren erste von 1918/19 sich sehr ähneln. „Die Rote Fahne", das „Organ der Spartakus-Richtung", also der revolutionären Linken, wiederholte am 10. November 1918 die tags zuvor publizierte Version des „8Uhr-Abendblatts" fast bis auf das letzte Wort. Man begann allerdings mit der Begrüßung „Arbeiter und Soldaten!" und fügte an einigen Stellen die Reaktion der Zuhörerschaft wie „Hochrufe" und „Stürmischer Beifall" ein. Diese vermutlich durch den Nachrichtendienst reichsweit verbreitete Meldung findet sich draußen im Lande, nahezu identisch etwa in der Montagsausgabe der sozialdemokratischen „Fränkischen Tagespost".

Mit zeitlichem Abstand veröffentlichten dann auch Augenzeugen ihre Lesarten. Zunächst tat dies 1919 anonym der österreichische Journalist Ernst Friedegg, der mit anderen „Scheidemann auf die Balustrade" gehoben und dessen Stehgreifworte stenografisch festgehalten haben will. Seine Darlegung unterscheidet sich nur in ganz wenigen Worten von der Ursprungsfassung in den Zeitungen vom 9. und 10. November 1918, sodass die Frage berechtigt erscheint, ob er sich nicht an den diesen Versionen orientierte. Oder war er Urheber der Agenturmeldung?

Ein anderer Augen- und Ohrenzeuge, der zur dänischen Minderheit gehörende Reichstagsabgeordnete Hans Peter Hanssen, lieferte in seinen auf Dänisch publizierten tagebuchähnlichen Erinnerungen, die 1955 auf Englisch erschienen, eine weitere Lesart. Seine Variante unterscheidet sich an einigen Stellen von den anderen, enthält einige gravierende Fehler, die möglicherweise auf eine mangelhafte Übersetzung zurückzuführen sind. Hanssen für am glaubwürdigsten zu halten, wie neuerdings geschehen, kann aber durch nichts gestützt werden. Lange Zeit galt Friedeggs Überlieferung als authentisch. Diese hat aber auch – wie dargelegt – ihre inhaltlich sehr nahen Vorläufer, sodass die auf der Basis der Agenturmeldung verfassten Zeitungspublikationen am 9. und 10. November den höchsten Wahrheitsgehalt haben dürften.

Und der Redner selbst? Scheidemann, der bezweifelte, dass in dem Gedränge überhaupt jemand eine stenografische Aufzeichnung hat anfertigen können, lieferte eine erste Variante im Januar 1920. Diese liegt nicht schriftlich, sondern hörbar vor. Denn er war vom Sprachwissenschaftler Wilhelm Doengen eingeladen worden, die Worte für ein sich im Aufbau befindliches Lautarchiv nachzusprechen:

> *„Arbeiter und Soldaten! Ihr habt verlangt, dass ich reden soll. Ich komme Eurem Wunsche nach, aber gestattet, dass ich mich kurz fasse. Jetzt ist Wichtigeres zu tun, als Reden zu halten. Der alte morsche Bau ist zusammengebrochen. Das deutsche Volk hat auf der ganzen Linie gesiegt. Es lebe die deutsche Republik! Der Genosse Ebert hat das*

Reichskanzleramt angetreten. Er wird die neue Regierung zusammenstellen. Dieser Regierung müssen alle sozialistischen Richtungen angehören. Jetzt ist es unsere Aufgabe, den vollen Sieg des deutschen Volkes vor Beschmutzung zu bewahren. Hier mitzuhelfen ist Ihrer aller Pflicht. Damit wir in aller Zukunft auf diesen Tag froh und ohne Beschämung zurückblicken können. Nichts darf vorkommen, was man uns später wird vorwerfen können. Ruhe, Ordnung und Sicherheit – das ist es, was das Volk jetzt schaffen muss. Es lebe die deutsche Republik!"

Philipp Scheidemann, Tonaufnahme 1920
(Übertragung vom Autor)

In einer weiteren, wohl wesentlich späteren, mitunter fälschlich auch auf den Januar 1920 datierten Tonaufnahme, gibt Scheidemann seinem impulsiven Naturell entsprechend von der Ausrufung der Republik eine dramatische Schilderung des Moments, als er gemeinsam mit den anderen SPD-Spitzen im Reichstag „eine dünne Wassersuppe" zu sich genommen habe. Diese gesprochenen Worte sind im Großen und Ganzen identisch mit der Version in seinen Memoiren aus dem Jahr 1928. In beiden wird die Situation weiter ausgeführt: Bestürmt von einem „Haufen von Arbeitern und Soldaten" habe er sich erst zur Rede entschlossen, als ihm mitgeteilt worden sei, dass der Spartakusführer Karl Liebknecht von sich aus am Schloss die „Sowjetrepublik" proklamieren werde. Nun – es klingt nicht sehr überzeugend, dass Scheidemann da schon Kenntnis von einem kommenden Auftritt des Linksrevolutionärs hatte, denn dieser dürfte ebenso spontan wie der seine gewesen sein. Aber Scheidemann erhebt dies rückblickend zur Motivation für seinen Auftritt: Weil er „den russischen Wahnsinn" vor Augen gesehen habe, sei er zur Tat geschritten.

„Arbeiter und Soldaten! Furchtbar waren die vier Kriegsjahre. Grauenhaft waren die Opfer, die das Volk an Gut und Blut hat bringen müssen. Der unglückselige Krieg ist

zu Ende. Das Morden ist vorbei. Die Folgen des Kriegs, Not und Elend, werden noch viele Jahre lang auf uns lasten. Die Niederlage, die wir unter allen Umständen verhüten wollten, ist uns nicht erspart geblieben. Unsere Verständigungsvorschläge wurden sabotiert. Wir selbst wurden verhöhnt und verleumdet.

Die Feinde des werktätigen Volkes, die wirklichen inneren Feinde, die Deutschlands Zusammenbruch verschuldet haben, sind still und unsichtbar geworden. Das waren die Daheimkrieger, die ihre Eroberungsforderungen bis zum gestrigen Tage ebenso aufrechterhielten, wie sie den verbissensten Kampf gegen jede Reform der Verfassung und besonders des schändlichen preußischen Wahlsystems geführt haben. Diese Volksfeinde sind hoffentlich für immer erledigt. Der Kaiser hat abgedankt; er und seine Freunde sind verschwunden. Über sie alle hat das Volk auf der ganzen Linie gesiegt.

Prinz Max von Baden hat sein Reichskanzleramt dem Abgeordneten Ebert übergeben. Unser Freund wird eine Arbeiterregierung bilden, der alle sozialistischen Parteien angehören werden. Die neue Regierung darf nicht gestört werden in ihrer Arbeit für den Frieden und der Sorge um Arbeit und Brot.

Arbeiter und Soldaten! Seid euch der geschichtlichen Bedeutung dieses Tages bewusst. Unerhörtes ist geschehen! Große und unübersehbare Arbeit steht uns bevor.

Alles für das Volk, alles durch das Volk! Nichts darf geschehen, was der Arbeiterbewegung zur Unehre gereicht. Seid einig, treu und pflichtbewusst.

Das Alte und Morsche, die Monarchie ist zusammengebrochen. Es lebe das Neue. Es lebe die deutsche Republik!"

Philipp Scheidemann, spätere (undatierte)
Tonaufnahme (Übertragung vom Autor)

Wie viele andere Politiker auch, so sprach Scheidemann seine Rede in einem Tonstudio nach. Aus den Anfangsjahren der

Republik existieren u. a. die Nationalversammlungsreden von Reichsministerpräsident (Reichskanzler) Gustav Bauer (SPD) am 23. Juni 1919 zur Annahme des Versailler Vertrages (Auszüge) oder die von Reichspräsident Friedrich Ebert anlässlich seiner Vereidigung auf die Reichsverfassung am 21. August 1919 (vollständig). Beide konnten dabei auf die Protokolle der Nationalversammlung zurückgreifen; ihre gesprochenen Texte sind also authentisch. Dies gilt aber nicht für das, was von Scheidemann „hörbar" ist, denn von seiner spontanen Rede gibt es keine von einem Parlamentsstenografen mitgeschriebene, von ihm autorisierte und dann gedruckte Version. Also handelt es sich um Worte, von denen Scheidemann glaubte, sie so gehalten zu haben.

Besonders kritisch beäugt wird das, was Scheidemann selbst als Ansprache liefert. Woran orientierte er sich bei beiden Tonaufnahmen und bei seinen Memoiren? Alles zusammengereimt und dramatisiert, um sich selbst und die Bedeutung der Aktion zu erhöhen? Vorsicht ist angebracht, denn wir haben es bei Scheidemann mit einem fleißigen Tagebuchschreiber zu tun. Möglicherweise hat er auch im November 1918 Erlebnisse und Ereignisse festgehalten. Warum sollte er sich bei seinen späteren Schilderungen nicht auf eigene unmittelbare Aufzeichnungen gestützt und diese dann, gewiss in veränderter dramatisierender Form, kundgetan haben? Das lässt sich nicht belegen, aber die Frage ist zumindest zu stellen. Heute ist ein Vergleich mit den vermeintlichen Aufzeichnungen Scheidemanns verwehrt, denn die Nationalsozialisten beschlagnahmten seine wohl bei der Flucht 1933 aus Deutschland zurückgelassenen Tagebücher, die als verschollen gelten.

Scheidemann im Fenster – aber keine Republikverkündung

In Schulbüchern, populären und auch wissenschaftlichen Publikationen findet sich oft eine Aufnahme von Scheidemann in einem Fenster, die als Moment der Republikverkündung vom 9. November deklariert wird. Diese Bilder zeigen Scheidemann jedoch in einem Fenster der Reichskanzlei. Die ersten Aufnahmen stammen vom 6. Januar 1919, wenige Tage nach dem Bruch der Revolutionsregierung aus SPD und USPD. Im Zeichen der Zuspitzung der Lage zog eine sozialdemokratische Massendemonstration für die „Regierung Ebert-Scheidemann“ durch die Wilhelmstraße.

Es folgten weitere öffentliche Auftritte Scheidemanns. Er stand seit dem 13. Februar 1919 als Reichsministerpräsident, wie der Reichskanzler seinerzeit bezeichnet wurde, an der Spitze der ersten republikanischen Regierung aus SPD, liberaler DDP und Zentrumspartei, der sogenannten „Weimarer Koalition“. Seine Amtszeit war überschattet von dem durch die Siegermächte im Mai vorgelegten Entwurf eines Friedensvertrages, der wegen seiner harten Bedingungen von der übergroßen Mehrheit der Deutschen als unannehmbar empfunden wurde. Dagegen manifestierte sich öffentlicher Protest, der sich in zahlreichen Demonstrationen und Versammlungen artikulierte. Und hier sprach der Regierungschef am häufigsten, u. a. zu zwei am 13. Mai vor der Reichskanzlei Station machenden Demonstrationszügen und am 21. Mai bei einer Kundgebung der Groß-Berliner SPD auf dem an die Reichskanzlei grenzenden Wilhelmsplatz (siehe S. 12). Überlieferte Fotos lassen sich nicht immer den Ereignissen zuordnen. Eindeutig terminieren lassen sich Aufnahmen vom Sonntag, dem

a) ullstein bild, 00259725

b) Bundesarchiv, Bild 1-544-331-92

Fünfmal Scheidemann in Fenstern der Reichskanzlei am 6. Januar 1919, als er wohl mehrfach das Wort an einen sozialdemokratischen Demonstrationszug richtet.

a: Scheidemann mit ausgestrecktem Arm im Eckfenster des rechten Gebäudeflügels. Die Wilhelmstraße füllt sich; im Fenster links neben Scheidemann verfolgen Beobachter die Szene.

b: Die Wilhelmstraße ist nun viel stärker mit Publikum gefüllt; Scheidemann steht noch im gleichen Fenster, bei dem nun Rollladen ein wenig runtergelassen sind. Das linke Fenster ist jetzt geschlossen.

c: Im Eckfenster mit dem ein wenig runtergelassenen Rollladen und einem geschlossenen benachbarten Fenster.

d: Eine bei dieser Gelegenheit entstandene Großaufnahme Scheidemanns.

e: Ein weiteres Foto vom gleichen Ereignis: Nun wendet sich Scheidemann von einem direkt zur Wilhelmstraße liegenden Fenster an die Demonstranten. In den Dachfenstern befinden sich die gleichen Personen, wohl Soldaten wie im Bild a.

c) *ullstein bild 06528573*

d) *ullstein bild 00257019*

e) *sz-photo 02886369*

18. Mai 1919, als Scheidemann wieder einmal aus einem Fenster der Reichskanzlei hinaus zu Protestversammlungen gegen den Versailler Vertrag sprach. An diesem Tag fanden im Zentrum Berlins mehrere Großkundgebungen statt, aus denen heraus sich Demonstrationszüge bildeten, die durch die Wilhelmstraße marschierten und dabei vor der Reichskanzlei stoppten.

Scheidemann und der am 11. Februar zum Reichspräsidenten gewählte Ebert empfingen in ihren Diensträumen Delegationen der Organisatoren und hielten an die Demonstranten auf der Straße Ansprachen. Scheidemann tat dies in hinlänglich geübter Manier eines sozialdemokratischen Agitators, der Stichworte zur Orientierung auf Papier – wie zu sehen – zur Hand hatte. Allein von daher kann es sich nicht um die Ausrufung der Republik handeln, denn er dürfte bei der spontanen Aktion am 9. November nicht auch noch einen Leitfaden für die Rede verfasst haben. Das trifft schon eher auf die geplanten Protestversammlungen vom 18. Mai zu.

Von diesem Ereignis existiert auch eine nicht vertonte Filmsequenz von 15 Sekunden in einer undatierten Wochenschau, eingeleitet mit dem Schriftzug: „Berlin: der frühere Ministerpräsident Scheidemann". Es folgt ein Plakatanschlag vom 9. November 1918, der mit der Parole endet: „Es lebe die sozialistische Republik Deutschland". Damit wird suggeriert, dass der Ausschnitt mit der Republikproklamation zusammenhängt, was aber mit dem Einleitungssatz nicht übereinstimmt.

Eine neue Legende strickt der Historiker Lothar Machtan, der zu einer dieser Fotografien anmerkt, dass es sich um eine inszenierte Aufnahme der Republikausrufung zehn Jahre später handele, wozu man eigens Scheidemann herbeigeholt habe. Ins Groteske reicht die phantasiereiche Erläuterung: „Der eigentliche Ort, das Berliner Reichstagsgebäude, steht dafür nicht zur Verfügung, sodass man mit dem Reichskanzlerpalais vorliebnehmen muss. Dort also spielt der inzwischen 63-Jährige sich noch einmal selbst, wie er – tadellos gekleidet und frisiert – eine leidenschaftliche Ansprache hält, freilich

Deutsches Historisches Museum, Berlin BA 98/72

18. Mai 1919: Scheidemann, nun Reichsministerpräsident, erneut im Fenster der Reichskanzlei, diesmal in der direkt zur Wilhelmstraße liegenden Front des linken Flügels: Ansprache an einen Protestzug gegen den von den Siegermächten vorgelegten Entwurf eines Friedensvertrages.

ins Leere hinein, denn Komparsen als jubelnde Menge haben die Bildproduzenten nicht eigens engagiert."

Der Autor, der das Bild von der Proklamation in der BIZ-Bild für eine Montage hält, macht eine weithin kritiklose Adaption der „Legende" von der Scheidemann'schen Republikausrufung aus. Dies sei eine „Blüte deutscher Erinnerungskultur". Er selbst produziert mit der Erklärung zum „Fenster"-Bild eine neue Blüte. Dabei hätte er nur genauer hinschauen brauchen. Ein Vergleich mit Fotos vom 63-jährigen Scheidemann hätte ihn stutzig machen müssen. Warum, so ist weiter zu fragen, hätte man dem Reichstagsabgeordneten Scheidemann 1928 den Reichstag verweigern sollen?

Ein Blick in die illustrierte Presse der Zeit hätte Aufklärung beschert: Es handelt sich hierbei um ein Foto aus eben einer

Deutsches Historisches Museum, BA 98/990.1

Diese Aufnahmen oder ähnliche (siehe auch Abbildung auf S. 27) vom gleichen Anlass werden auch heute noch als Illustration der „Ausrufung der Republik“ verwandt, zuweilen sogar als nachgestellte Szene (mitunter aus späterer Zeit) charakterisiert. Beides ist schlicht falsch.

Serie vom 18. Mai 1919. Aufnahmen von verschiedenen Fotografen sind zeitgenössisch publiziert worden, u. a. bereits in „Das Illustrierte Blatt“ aus Frankfurt oder in „Zeitbilder“, der illustrierten Beilage der „Vossischen Zeitung“. Das Urteil von einer Nachstellung Jahre später könnte man einfach ignorieren, wenn es sich nicht – höchst ärgerlich – bereits andernorts fortsetzen würde.

Bewegt man sich hier noch auf unsicherem Boden hinsichtlich der Zuordnung der Bilder, so kann es an Scheidemanns Haltung zum Friedensvertrag keine Zweifel geben. Für ihn wie für die überwiegende Mehrheit der Deutschen war der Entwurf erniedrigend und damit unannehmbar. Bei einer

sz-photo 00099946

Sondersitzung der Nationalversammlung in der Berliner Universität am 12. Mai 1919 fasste er seine Haltung in ein einprägsames Bild: „Welche Hand müsste nicht verdorren, die sich und uns in diese Fesseln legt?" Mit dem kategorischen Nein zum alliierten Vertragsentwurf hatte er sich öffentlich auf Ablehnung festgelegt. Weil die alliierten Siegermächte nicht zu Zugeständnissen bereit waren, trat er am 20. Juni 1919 als Regierungschef zurück. Damit endete nach nur sieben Monaten seine Zeit in den Schaltzentralen der Republik.

1920 wurde er Oberbürgermeister seiner Heimatstadt Kassel, gab aber 1925 nach noch nicht einmal der Hälfte seiner Amtszeit auf, zermürbt auch durch fortwährende Diffamierungen. Als Mann, der die Republik ausgerufen hatte, stand er im Visier der Demokratiegegner. Nur dank glücklicher Umstände überlebte er am 4. Juni 1922 einen von Rechtsterroristen verübten Mordanschlag, wenige Wochen bevor

Deutsche Nationalbibliothek, Leipzig

Publikation eines der „Fensterbilder“ vom 18. Mai 1919 in „Das Illustrierte Blatt“ (Frankfurt am Main) Nr. 22 vom 27. Mai 1919 – also keine nachgestellte Szene aus dem Jahr 1928.

Reichsaußenminister Walther Rathenau einem Attentat zum Opfer fiel.

Bis 1933 gehörte er dem Reichstag an und blieb ein eindringlicher Mahner vor der anschwellenden Flut der NSDAP. Als einer der von den Nationalsozialisten meistgehassten Männer der ersten Republik musste er nach dem Machtantritt Adolf Hitlers Hals über Kopf Ende Februar 1933 fliehen. Scheidemann stand auf der Liste derer, die im nationalsozialistischen „Illustrierten Beobachter“ am 9. September 1933 als „Volksverräter“ diffamiert wurden und denen die Nationalsozialisten die Staatsbürgerschaft aberkannten, an erster Stelle. Der Republikgründer verstarb am 29. November 1939 in seinem Exil in Kopenhagen.

Legende oder Wegmarke: von der Bedeutung der Rede

Das Urteil, „die sogenannte Ausrufung der Republik“ durch Scheidemann habe keine politische Entscheidung zur Zukunft Deutschlands gebracht (Lothar Machtan), ist sehr umstritten. Denn eines war mit dem Auftritt auf jeden Fall sicher: Ein Zurück in die alte monarchische Ordnung konnte es nicht mehr geben, auch keine Fortsetzung unter demokratischen Vorzeichen mit dem alten Kaiser oder einer anderen Person. So stellte Scheidemann mit seiner Rede vor dem Reichstag der Monarchie den Totenschein aus. Das ist und bleibt ihre historische Bedeutung. Ist diese Wertung nur nachträglich konstruiert, eine von ihm wesentlich mitgewobene Legende?

Er selbst hat in seiner Ende 1921 erschienenen Schrift „Der Zusammenbruch“, die vom Beginn des Ersten Weltkrieges im August 1914 bis zur Annahme des Versailler Vertrages reicht, die Ausrufung der Republik nicht herausgestellt. Sie findet lediglich Erwähnung in einer Fußnote.

Höchst kritisch sind andere, von persönlichen Interessen bestimmte Urteile von Zeitgenossen. So betonte der USPD-Vertreter Georg Ledebour in dem gegen ihn wegen Aufruhr stattfindenden Prozess im Mai 1919, dass Scheidemann die Republik zu einem Zeitpunkt proklamiert habe, als die „Revolution bereits siegreich“ gewesen sei. Und er fügte abschätzig hinzu, dass Scheidemann ja immer dabei gewesen sei, „wenn es was zu ergattern gibt“. In das gleiche Horn stieß Wilhelm Dittmann, USPD-Mitglied im Rat der Volksbeauftragten, in seinen ab 1939 niedergeschriebenen Memoiren. Wenn diese beiden als Kronzeugen für eine Herabwürdigung der Aktion herangezogen werden, um eine Selbstbeweihräucherung und

Bundesarchiv, Bild 183-R21003

Am 9. November 1918: allerorten ein Hoch auf die Republik.

Legendenbildung Scheidemanns auszumachen, so sollte man doch immer im Blick haben, dass Ledebour einer der schärfsten Kritiker der Mehrheitssozialdemokraten war und Dittmann auch später noch, als er zur SPD zurückgekehrt war, zu den innerparteilichen Gegnern von Scheidemann zählte.

Es ist schon erstaunlich, dass man den Worten aus dem (ganz) linken Lager oder einem politisch fernstehenden Zentrumsmann wie Richard Müller-Fulda, der bei der Ausrufung hautnah dabei gewesen sein will, ungefragt Glauben schenkt. Müller berichtet mehr als zehn Jahre später, wie Scheidemann auf einen Stuhl gesprungen sei und „Es lebe die Republik" gerufen habe (und ihm beim Heruntersteigen auf seine „Fußspitze" getreten sei). Er vermittelt das Bild einer ganz und gar unspektakulären Aktion, um Scheidemann Geltungssucht zu attestieren. Von Massen könne man nicht reden, vielmehr habe die Situation auf Berlins Straßen am 9. November einer „dünnen Prozession festlich gekleideter Personen" (an einem Samstag, also einem Werktag?) geglichen. Auch sei die Fotografie in Scheidemanns Erinnerungen, die ihn auf der Brüstung zeige, wohl später entstanden. Müller hat wohl nicht erkannt, dass es sich da um eine Zeichnung handelt und wusste wohl auch nicht, dass das entsprechende Foto schon zeitnah 1918 publiziert worden war. Soweit zur Glaubwürdigkeit dieses „Augenzeugen".

Sicher: An allen Enden und Ecken in Berlin (allein dort von gut einem „Dutzend", wie geschrieben wurde) und im Reich wurde die Republik ausgerufen. Das Wort „Republik schallt von Mund zu Mund", hieß es im „8Uhr-Abendblatt" am 9. November. An diesem Tag wurden vom Reichstag aus mehrere Ansprachen gehalten. So lobte ein ungenannter bayerischer Oberleutnant „die deutsche Republik", ergriffen nach Scheidemann unter anderem noch Friedrich Ebert und ihr Parteifreund Albert Südekum das Wort. Von deren Auftritten ist inhaltlich allerdings nichts überliefert. Warum, so bleibt zu fragen? Waren diese weniger wichtig?

Unter Hinweis auf die zahlreichen anderen Reden den Akt Scheidemanns zu einem x-beliebigen zu degradieren, unterschätzt den Stellenwert des Mannes in der Öffentlichkeit und in der Arbeiterbewegung an diesem Tag. Immerhin handelte es sich hier um einen der beiden Parteivorsitzenden der größten Partei im Reich, der während des Krieges noch bekannter wurde, weil er der (mehrheits-)sozialdemokratische Wortführer im Reichstag war. Er war zudem noch am Morgen Staatssekretär (Minister) gewesen. Vom innerparteilichen Rang her stand an diesem 9. November lediglich der mit der Reichskanzlerschaft betraute Friedrich Ebert über ihm, aber dieser hielt sich mit Worten zurück und nahm das Wort „Republik" in seinen ersten öffentlichen Verlautbarungen nicht in den Mund. Vielleicht erklärt dies auch die von Scheidemann überlieferte Reaktion seines Co-Vorsitzenden. Ebert habe die Ausrufung der Republik scharf missbilligt, denn über die zukünftige Staatsform habe die Nationalversammlung zu entscheiden. Damit positioniert sich Scheidemann als derjenige, der im Gegensatz zu Ebert die Situation und die Stimmung der Bevölkerung richtig eingeschätzt habe, die ein solches Signal erwartet hätte. Und es wurde als ein solches verstanden: „Deutschland – Republik!“ verkündete noch am gleichen Abend das „8Uhr-Abendblatt“ und lieferte unter der Schlagzeile die Begründung: „Scheidemann verkündete die Republik von der Terrasse des Reichstags“.

Scheidemanns Auftritt besaß (gemeinsam mit Liebknechts Rede am Schloss) im Vergleich zu den anderen, unbekannten Ausrufern der Republik die größte Tragweite. Auch wenn es eine „Zeitenwende ohne Beglaubigung“, ein rechtlich nicht verbriefter Wandel war, so gibt es keinen historischen oder historiografischen Grund, an der Ausrufung der Republik zu zweifeln oder die Rede zu einer „Scheidemann-Legende“ herabzusetzen.

Im Gegenteil: Die Rede stellt eine Wegmarke auf der Bahn vom Obrigkeitsstaat in die Republik dar und gilt mit gutem Grund als ein Markstein der deutschen Demokratiegeschichte, die mit prägenden symbolischen Akten nun nicht gerade reich gesegnet ist. Und als Gründer und Wegbereiter der ersten Republik gebührt dem Sozialdemokraten Philipp Scheidemann ein Platz in der demokratischen Erinnerung der Bundesrepublik.

Walter Mühlhausen

Briefmarke zum 150. Geburtstag Philipp Scheidemanns 2013: Motiv ist eines der Fotos von der Rede am 6. Januar 1919.

Literatur

[Friedegg, Ernst] Von einem, der dabei war: Wie die deutsche Republik ausgerufen wurde, in: Ernst Drahn/Ernst Friedegg (Hrsg.): Deutscher Revolutions-Almanach für das Jahr 1919 über die Ereignisse des Jahres 1918, Hamburg/Berlin 1919, S. 69–72

Berlin in der Revolution 1918/1919. Für die Kunstbibliothek Staatliche Museen zu Berlin hrsg. von Ludger Derenthal, Evelin Förster und Enno Kaufhold, Dortmund 2018

Derenthal, Ludger: „Ein historischer Augenblick". Philipp Scheidemann am 9.11.1918 auf dem Balkon des Reichstagsgebäudes, fotografiert von Erich Greiser *(unveröffentlichtes Manuskript eines Vortrages auf einer Tagung vom März 2019, vom Autor mir dankenswerterweise zur Verfügung gestellt)*

Fotografie in der Weimarer Republik. Hrsg. von LVR-LandesMuseum Bonn, Deutsche Fotothek, Stiftung F. C. Gundlach. Texte von Lothar Altringer u. a., München 2019

Hanssen, Hans Peter: Diary of a Dying Empire, translated by Oscar Osburn Winther, edited by Ralph H. Lutz, Mary Schofield, and O.[scar] O.[sburn] Winther. Introduction by Ralph H. Lutz, Bloomington 1955

Jessen-Klingenberg, Manfred: Die Ausrufung der Republik durch Philipp Scheidemann am 9. November 1918, in: Geschichte in Wissenschaft und Unterricht, 19. Jg. (1968), S. 649–656

Machtan, Lothar: Kaisersturz: Vom Scheitern im Herzen der Macht 1918, Darmstadt 2018

Machtan, Lothar: Zeitenwende ohne Beglaubigung. Oder: Die Scheidemann-Legende, in: Martin Sabrow (Hrsg.): Revolution! Verehrt – verhasst – vergessen, o. O. [Leipzig] 2019, S. 25–62

Müller-Fulda, Richard: Erinnerungen an den 9. November 1918 in Berlin, in: Die Regierung des Prinzen Max von Baden, bearb. von Erich Matthias und Rudolf Morsey, Düsseldorf 1962, S. 629–631

Rürup, Reinhard: Die „Ausrufung der Republik“ durch Philipp Scheidemann am 9. November 1918, in: Bernd Faulenbach/Andreas Helle (Hrsg.): Menschen, Ideen, Wegmarken. Aus 150 Jahren deutscher Sozialdemokratie, Berlin 2013, S. 62–72

Scheidemann, Philipp: Der Zusammenbruch, Berlin 1921

Scheidemann, Philipp: Die Sozialdemokratie und der Krieg, in: Friedrich Ebert und seine Zeit. Ein Gedenkwerk über den ersten Präsidenten der deutschen Republik, Berlin-Charlottenburg o. J. [1927], S. 127–182

Scheidemann, Philipp: Memoiren eines Sozialdemokraten, 2 Bde., Dresden 1928

Scheidemann, Philipp: Das historische Versagen der SPD. Schriften aus dem Exil. Hrsg. von Frank R. Reitzle. Mit einer Einleitung von Claus-Dieter Krohn, Lüneburg 2002

Internet

Deutscher Bundestag. Wissenschaftliche Dienste: Die Republikproklamation am 9. November 1918 durch Philipp Scheidemann, 2018 (abrufbar unter: chrome-extension://efaidnbmnnnibpcajpcglclefindmkaj/viewer.html?pdfurl=https%3A%2F%2Fwww.bundestag.de%2Fresource%2Fblob%2F575240%2Fc32108ddfaa77a08b0cbea8a6b14a788%2Fwd-1-034-18-pdf-data.pdf&clen=339467&chunk=true)

Machtan, Lothar: Und nun geht nach Hause, in: „Die Zeit“ Nr. 15 vom 5. April 2018, S. 21 (auch abrufbar unter „Zeit.Online“:

https://www.zeit.de/2018/15/philipp-scheidemann-sozialdemokrat-republik-ausrufung-1918)

Rühl, Andreas: Philipp Scheidemann, in: Deutsches Rundfunkarchiv: Der Klang der Weimarer Zeit (https://www.dra.de/de/entdecken/der-klang-der-weimarer-zeit/philipp-scheidemann)

Winkler, Heinrich August: Doch, so war es! 9. November 1918: Die Ausrufung der Republik ist keine Legende, in: „Die Zeit" Nr. 18 vom 26. April 2018, S. 13 (auch abrufbar unter „Zeit. Online": https://www.zeit.de/2018/18/1918-novemberrevolution-weimarer-republik-ausruf?utm_referrer=https%3A%2F%2Fde.wikipedia.org%2F)

O-Ton:

Die nachgesprochene kürzere Version der Rede Scheidemanns, aufgenommen am 9. Januar 1920, findet sich als „DHM Recording T 90/475.1'Ausrufung der Republik'" unter: https://soundandscience.de/audio/dhm-recording-t-904751-ausrufung-der-republik

Die ausführlichere Version der Rede, die später (wohl nach 1924) aufgenommen wurde, ist u. a. abrufbar in dem vom Deutschen Rundfunkarchiv herausgegebenen Beitrag „Philipp Scheidemann" unter https://www.dra.de/de/entdecken/der-klang-der-weimarer-zeit/philipp-scheidemann

Film:

Das Video „Philipp Scheidemann", eine Filmsequenz aus einer Messter Wochenschau (Quelle: Bundesarchiv Bild 183-R73166) wurde vom Bundesarchiv in der Reihe „100 Jahre Weimarer Republik" aufgelegt unter: https://weimar.bundesarchiv.de/WEIMAR/DE/Content/Videos/scheidemann.html

Bilder vom Tage

Ein historischer Augenblick.

Scheidemann verkündet vom Balkon des Reichstages aus die Deutsche Republik.

Deutsche Nationalbibliothek Leipzig

Die „Illustrierte Rundschau (Der Weltbrand)“ aus Dresden zeigt in ihrer Nr. 49 von 1918 (ohne Datum) auf der vierten Seite unter der Rubrik „Bilder vom Tage“ ebenfalls das Foto von der Ausrufung der Republik mit Scheidemann auf der Brüstung des Reichstages.